# Des roses
pour Danielle

## SÉRIE ROUGE

Drame !... Amour !... Mystère !... Aventure et passion !.... SÉRIE ROUGE est une collection de livres de poche visant les jeunes de 14 ans (et plus) qui apprennent le français.

SÉRIE ROUGE offre des histoires de toutes les longueurs pour tous les goûts.

*Drama !... Romance !... Mystery !... Adventure and passion !... SÉRIE ROUGE is a series of paperbacks for young people (aged 14 plus) learning French.*

*SÉRIE ROUGE includes stories of different lengths for all tastes.*

L'ÉQUIPE DE SÉRIE ROUGE
Monique Alcott, professeur détaché à Homerton College, Cambridge, GB
Marc Guiguin, professeur d'histoire et de géographie, Lycée de Hennebont, Lorient, France
Francine Rigoni, professeur de français et d'allemand, St Ivo School, St Ives, Cambridge, GB
Ann Swarbrick, maître-assistante, PGCE, School of Education, The Open University, Milton Keynes, GB
Mary Swarbrick, professeur d'anglais, Comberton Village College, Cambridge, GB

*Avec la participation de :*
Steven Fawkes, conseiller pédagogique, BBC
Jim Jones, professeur d'anglais, Chesterton Community College, Cambridge, GB

# Des roses blanches pour Danielle

et autres histoires

passionnantes...

Francine Rigoni, Ann Swarbrick, Mary Swarbrick,
Steven Fawkes, Monique Alcott et Jim Jones

illustré par Sophie Allington, Ivor Arbuckle,
Sophie Grillet et Peter Richardson

CAMBRIDGE
UNIVERSITY PRESS

SÉRIE ROUGE

No 1  *Chère Lambert !*   Ann Swarbrick et Mary Swarbrick

No 2  *Le Journal de Delphine*   Monique Alcott

No 3  *Ménestel, le tout-puissant*   Marc Guiguin

No 4  *Des roses blanches pour Danielle, et autres histoires*   Francine Rigoni et toute l'équipe

No 5  *Aventure et passion : contes et récits d'aujourd'hui*   Ann Swarbrick et toute l'équipe

No 6  *Marco raconte... 13 histoires vraies*   Marc Guiguin


Published by the Press Syndicate of the University of Cambridge
The Pitt Building, Trumpington Street, Cambridge CB2 1RP
40 West 20th Street, New York, NY 10011–4211, USA
10 Stamford Road, Oakleigh, Melbourne 3166, Australia

© Cambridge University Press 1994

First published 1994

Printed in Great Britain at the University Press, Cambridge

A catalogue record for this book is available from the British Library

ISBN 0 521 44981 2 paperback


Notice to teachers
It is illegal to reproduce any part of this work in material form (including photocopying and electronic storage) except under the following circumstances:
(i) where you are abiding by a licence granted to your school or institution by the Copyright Licensing Agency;
(ii) where no such licence exists, or where you wish to exceed the terms of a licence, and you have gained the written permission of Cambridge University Press;
(iii) where you are allowed to reproduce without permission under the provisions of Chapter 3 of the Copyright, Designs and Patents Act 1988.

GE

# Table

**Des roses blanches pour Danielle** *page* 7
  Francine Rigoni et Mary Swarbrick

**La Boîte** 13
  Jim Jones et Monique Alcott

**J'en ai marre** 27
  Steven Fawkes

**La suicidée de la Loire** 43
  Francine Rigoni

**La cabine téléphonique** 50
  Francine Rigoni

**Défense de toucher** 58
  Steven Fawkes

# Des roses blanches pour Danielle

La machine a fait un drôle de « clic ».

Déjà 5 minutes qu'elle attend au supermarché Codec. Danielle commence à s'impatienter. « Zut et re-zut ! » murmure-t-elle. Des photos descendent en ondulant de la machine photomaton. Allons, bon ! Ce ne sont pas les bonnes. Sûrement les photos de la personne avant elle...

« Ça alors ! » s'exclame Danielle tout haut. Examinant les photos, elle croit reconnaître sa meilleure amie, Marie-Christine. Marie-Christine la regarde... Danielle n'avait pas l'intention de voir son amie ce jour-là. « Bizarre, » pense-t-elle.

Elle prend les photos. Elle les examine de plus près. Était-ce une blague ou quoi ?

Sur la première photo, celle d'en haut, visage souriant de Marie-Christine. Sur la deuxième photo, deux mains d'homme, deux mains absolument énormes sortant du rideau derrière la tête de son amie. Sur la troisième photo les yeux de Marie-Christine la regardent fixement. Sa bouche est grande ouverte, un cri prêt à sortir. Elle a autour du cou d'énormes mains d'homme. Sur la quatrième et dernière photo, rien. Rien !

« Quelle bonne blague, » se dit Danielle, « très réaliste ! » Elle se demande aussi à qui sont ces mains d'homme.

Danielle décide d'attendre son amie. Sûrement, Marie-Christine va revenir chercher ses photos. Mais non ! Pas de Marie-Christine. Un peu plus tard Danielle décide de téléphoner à son amie.

— Allô ! C'est Danielle à l'appareil. C'est toi Marie-Christine ?

— Ah, salut !

— J'ai récupéré tes photos au Codec. Je ne savais pas quoi faire. Tu n'étais pas là. Tu n'es pas revenue. Alors je les ai là, dans mon sac. Je suis à la maison.

— Quelles photos ? Marie-Christine semble déconcertée.

— Celles que tu as faites ce matin au supermarché Codec. C'est qui le type aux mains énormes ?

— Quel type ? Je n'ai pas quitté la maison de la journée. Qu'est-ce que c'est que cette histoire de photos au Codec ? Quel type ?

— Ça va, ça va, t'excite pas, je te crois ! dit Danielle d'un ton sarcastique. Je te les apporte demain, tu verras, d'accord ?

— C'est bizarre, je dois avoir un sosie dans le quartier, dit Marie-Christine d'une drôle de voix.

— Ouais... Danielle ne comprend pas pourquoi Marie-Christine continue à faire semblant d'ignorer tout des photos.

Bref, elles se mettent d'accord pour se voir le lendemain.

Danielle n'a pas vu son amie le lendemain. En fait, elle ne l'a jamais plus revue. Sa mère lui a annoncé l'horrible nouvelle. Marie-Christine assassinée. Il ne semble pas y avoir de raison. Le meurtre est un acte de violence totalement gratuit. Danielle pense aux photos dans son sac. Il faut les donner à la police.

Danielle ne veut pas regarder les photos, mais il le faut. Une dernière fois. Elle est nerveuse. Elle fouille dans son sac. Elle les trouve. Elle est prête à regarder son amie encore une fois, mais... non... c'est incroyable, les photos... elles sont toutes noires ! Plus de photos. Elles ont disparu. Comme son amie. A-t-elle tout imaginé ?

Le samedi suivant Danielle a un entretien de prévu pour un petit job. Elle ne veut pas y aller. Elle est trop triste. Sa mère la persuade d'y aller. Elle dit que c'est la vie. Un point, c'est tout.

Nerveuse, Danielle arrive à son rendez-vous avec beaucoup trop d'avance. Elle décide d'aller attendre dans un petit café non loin du lieu de rendez-vous. Elle s'asseoit seule à une table. D'un œil distrait, elle regarde la télé installée sur le comptoir. Elle a commandé un citron pressé. Elle regarde toujours l'écran. C'est un vieux film : une jeune fille court à toutes jambes dans une rue sombre. Elle essaie d'échapper à un homme qui court après elle. Danielle pense à Marie-Christine. A-t-elle, elle aussi, été poursuivie par un homme ? L'espace d'une seconde, le visage de l'homme remplit l'écran. C'est un visage cruel, avec des yeux de tigre. Danielle frissonne de peur.

A 11 heures 25 Danielle traverse la rue pour aller au bureau. « Ne vous inquiétez pas. Pas de panique. Le patron est très sympa. » dit la secrétaire. Celle-ci a un air rassurant. Danielle se sent mieux. Elle lui sourit. Elle se sent plus calme.

« Voici Danielle du Plessy, Monsieur Lejeune. Danielle vient pour le poste temporaire en juillet. »

La porte se referme sur Danielle. Elle regarde alors Monsieur Lejeune. Les regards se croisent. Monsieur Lejeune a un regard cruel. Un regard cruel de tigre. Elle reconnaît immédiatement le visage. C'est l'homme du film ! Danielle se retourne. Elle ouvre la porte toute grande. Elle descend l'escalier quatre à quatre. Elle bondit dans la rue. Elle court comme une folle. Impossible de s'arrêter. Elle est morte de fatigue. Elle est morte de peur. Elle se retrouve au cimetière. Le souvenir de l'enterrement de Marie-Christine la submerge. Quel affreux cimetière ! Elle commence à pleurer. Elle a beaucoup de chagrin. Elle a aussi une peur folle. Elle tombe à genoux. Elle se met à sangloter.

Danielle a perdu la notion de l'heure. Elle est toujours à genoux dans ce cimetière. Elle remarque une tombe récente en face d'elle. La montagne de roses blanches commence déjà à faner. Au centre du bouquet, un nom : Danielle. Elle regarde le nom. Elle n'en croit pas ses yeux. Elle s'approche... Elle lit l'inscription sur le marbre de la tombe :

> Danielle du Plessy
> morte tragiquement
> à l'âge de 17 ans

Mais c'est son nom ! C'est elle ! C'est bien son âge. Elle regarde la date de sa mort : **demain.**

Les photos. Les yeux de tigre. Et maintenant, la tombe. La tête de Danielle tourne. Si elle est capable de créer des événements, est-elle aussi capable de tout arrêter ? « Demain, je ne fais rien. Je ne bouge pas. »

décide-t-elle. « Je ferme ma porte. Je reste au lit. Demain n'existe pas. »

Danielle n'a jamais pu lire le grand titre en première page du journal *Ouest-France* le lendemain :

>Explosion de Gaz
>Quartier Dauphine
>Un mort

# La Boîte

Il était onze heures et demie du soir, bien après l'heure d'aller au lit pour Antoine. Son père travaillait tard au laboratoire, comme d'habitude. Le téléphone a sonné. Antoine a décroché. C'était son père.

— Antoine ? Ta mère est là ?
— Oui, mais...
— Passe-la-moi.
— Mais...
— Antoine. Passe-moi ta mère !

Sa mère était sous la douche. Pas très contente, elle est sortie de la salle de bains, et elle a pris le téléphone, toute dégoulinante d'eau : « Ça va, Frédéric ? »

Intrigué, Antoine a écouté la conversation : « Tu es fou, tu as vu l'heure ? a dit sa mère... Onze heures et demie, et j'ai eu une journée difficile... Quoi, important ? Tu veux rire !... Aller en voiture au laboratoire ? Ah non, impossible. Ça prend une heure ! C'est ridicule... »

Et ça a continué... Cinq minutes plus tard, Antoine,

sa mère et sa petite sœur Clémence étaient dans la voiture. Les lumières de Paris ont défilé à toute vitesse.

Le père d'Antoine attendait à la porte du laboratoire quand ils sont arrivés : « J'ai essayé mille fois, s'est-il écrié. Ça marche, ça marche pour de vrai ! »

Le laboratoire n'avait pas l'air changé. Comme d'habitude il était plein d'ordinateurs et de machines électroniques. Son père était un grand scientifique. Le seul de la famille. Pour le reste de la famille, le laboratoire ressemblait à une jungle de boîtes mystérieuses et de fils électriques.

Son père leur a montré une table. Sur la table se trouvait une cage. Dans la cage, de toutes petites souris blanches. Il y avait aussi comme deux gros postes radio.

— Papa ! a dit Clémence, tu fais mal aux souris ? C'est atroce !

— Mais non. C'est absolument sans danger.

Il a ouvert un côté d'une des « radios ».

Mais ce n'est pas une radio, a pensé Antoine. Plutôt une sorte de boîte. Avec des fils électriques partout. Il y avait des circuits électroniques dans la boîte. Avec une antenne dessus. Et juste assez de place à l'intérieur pour une souris...

Son père a pris une petite souris. Il l'a mise dans la boîte. Il a fermé le côté. Impossible pour la souris de sortir.

Clémence n'avait pas l'air joyeux. Il était tard, et elle

était fatiguée.

— Qu'est-ce que tu vas faire, Papa ? Tu ne vas pas lui faire mal, hein ?

— Mais non, je te répète que ça ne fait aucun mal. Regarde.

Il s'est approché de l'ordinateur. Il a dit quelques mots. Il a parlé à l'ordinateur...

— Confirmez, a dit l'ordinateur.

— Oui.

Antoine a entendu un CLIC qui venait d'une des boîtes sur la table. C'est tout. La mère d'Antoine a froncé les sourcils.

— Frédéric. Il est minuit passé. Tu nous as fait traverser tout Paris...

— Attends ! Tu n'as pas encore vu les résultats, Marie-Jeanne. Ouvre la boîte où se trouve la souris.

La mère d'Antoine n'aimait pas les magiciens. Mais elle a ouvert la boîte. Elle était vide. Clémence a froncé le nez, et elle a commencé à pleurer.

— Tu nous as dit que tu ne ferais pas de mal à la souris ! Et tu l'as fait disparaître.

— Un peu de patience ! a crié le père d'Antoine. Ouvre l'autre boîte, Marie-Jeanne.

La mère d'Antoine l'a ouverte — et la souris s'est échappée sur la table. Clémence l'a attrapée et a commencé à la caresser. Elle l'a mise contre sa joue et lui a parlé doucement.

— Elle va très bien, elle n'a aucun mal, a dit son père. Elle n'a même pas remarqué qu'elle avait été *transmise* d'une boîte à une autre.

— *Transmise ?* a demandé la mère d'Antoine.

— C'est exact. Comme une image de télévision. Tu vois le potentiel ? Aujourd'hui, je peux envoyer une souris à deux mètres. Peut-être que dans quelques années je pourrai envoyer des gens à des centaines de kilomètres ! Qui sait ?... Peut-être à des milliers de kilomètres...

— Mais les gens ne sont pas des images ! s'est exclamée Marie-Jeanne. Nous sommes vivants, tu ne peux pas nous envoyer dans les airs comme une émission de télé...

— Ah non ? a répondu le père d'Antoine. Et ce que tu viens de voir ?

— Mais les gens ?

— Je suis sûr que je peux le faire, a-t-il dit.

Clémence a levé les yeux, toujours avec la souris, qu'elle caressait. « Moi, je n'aime pas ça, a dit Clémence. Je ne monterai jamais dans ta boîte, moi. Jamais ! »

Et ils sont tous rentrés à la maison. Leur père n'a pas arrêté de parler tout le long de la route.

« Ça va être la révolution dans les transports ! La

ré-vo-lu-tion ! On n'aura ni voiture, ni train, ni avion. On aura des boîtes. Peut-être dans chaque maison. On entrera dans une boîte. On fera un numéro, et hop ! on sera dans une autre boîte. Pas besoin d'essence, pas besoin de route, pas besoin de parking. Pas d'oxyde de carbone, pas de pollution. Tu vois, on sauve la planète ! »

En temps normal, son père était une personne super-sérieuse. Il avait fait ses études à la prestigieuse École polytechnique. Il avait passé sa vie à étudier « la physique des particules ». Très intéressant, avait toujours pensé Antoine, mais pas très utile. Antoine s'était-il trompé ?

Trois ans ont passé...

Antoine adorait aller voir son père dans son nouveau laboratoire. Un laboratoire superbe, moderne, immense. Une véritable usine, avec beaucoup d'espace, sponsorisée par une compagnie japonaise, Hiro-Hito. Son père était le grand chef, à la tête d'une énorme équipe de chercheurs et de techniciens. « La Boîte » l'avait rendu célèbre. On parlait de son invention dans tous les journaux du monde. « La Boîte » était presque prête à passer en production.

Elle était maintenant parfaitement sans danger. Après les souris, il avait essayé avec des chats, des chiens, puis des chimpanzés. Aucun animal n'avait souffert, et ils avaient voyagé des milliers de kilomètres, des milliers de fois. Récemment, on avait envoyé le premier homme dans une boîte prototype. Dernièrement, un acteur célèbre de cinéma avait été payé 100 000 francs pour voyager d'un bout de la pièce à l'autre.

La compagnie Hiro-Hito voulait de la publicité. Elle a transformé l'occasion en un événement. La presse et la télévision ont rempli les laboratoires de Frédéric.

« Mesdames et messieurs, a dit une voix au haut-parleur. Vous allez voir l'histoire en direct. Un événement extraordinaire : monsieur Gérard Le Gall va entrer dans la boîte A, et il va être instantanément transporté dans la boîte B. Vous allez assister à la plus grande révolution scientifique du monde ! »

Nous sommes six mois plus tard. Les Boîtes ont été testées et re-testées des milliers de fois. Jamais un seul accident. La Boîte allait véritablement protéger l'environnement, mais aussi sauver des milliers de vies chaque année.

C'était l'anniversaire d'Antoine. Il allait avoir un cadeau très original : un tour dans la Boîte. Le matin, une nouvelle Boîte avait été installée dans leur appartement. La Boîte ressemblait à une douche. Mais elle avait des côtés en métal. Antoine a voulu l'essayer immédiatement.

— Est-ce que je peux aller au laboratoire en Boîte aujourd'hui, Papa ?

— Non, je dois encore faire des tests. Viens donc avec moi en voiture. Tu rentreras en Boîte.

— Mais Papa...

— Ne discute pas. De toute façon, les premières fois, c'est un peu bizarre. Je préfère que tu arrives dans un endroit que tu connais bien — comme la maison.

— Bon, d'accord, a dit Antoine. Tu viens, Clémence ? Tu peux faire un tour après moi, si tu veux.

— Non. Sûrement pas. Rien que d'y penser, ça me fait mal au cœur. Et un journaliste à la télévision l'autre soir disait...

— Un journaliste ? a demandé son père. Il parlait de la Boîte ?

Clémence a eu l'air embarrassé.

— Non, non, ce n'est rien. Je n'ai pas envie de l'essayer, c'est tout. Peut-être un jour...

Clémence est partie dans la cuisine boire un coca. Papa a pris son attaché-case, et a dit à Antoine : « Allez vite. On n'a pas beaucoup de temps. »

Au laboratoire, il y avait plusieurs autres Boîtes comme la « douche » de leur appartement.

« Bon, a dit son père, entre dans cette Boîte. »

Antoine est entré dans la machine. Avant de fermer la porte, son père lui a répété ce qu'il devait faire : « Tu as le numéro écrit sur ce papier, n'est-ce pas ? Dis-le clairement. Quand la voix de la machine dit « Confirmez », dis seulement « Oui ». Tu te retrouveras dans la Boîte à la maison. Quand tu seras arrivé, téléphone-moi. Le numéro est près du téléphone. »

Il a fermé la porte de métal. Il n'y avait rien à l'intérieur, à part un micro et un petit haut-parleur. Il a donné le numéro.

— 29386XD.
— Confirmez.
— Oui.

CLIC. C'est tout. Il tenait encore le morceau de papier avec le numéro écrit dessus, et il avait toujours l'impression d'être dans la même Boîte. Il a ouvert la porte.

Son père avait raison. C'était très bizarre d'entrer dans une Boîte dans un laboratoire et de sortir immédiatement d'une autre Boîte à 20 kilomètres de là. Il se trouvait dans l'entrée de leur appartement, et se sentait tout drôle. Il croyait que ça serait comme dans un ascenseur, qu'il y aurait une sensation de mouvement. Absolument pas. C'était comme s'il n'avait pas fait un seul mouvement. Il s'est demandé si la sensation serait la même s'il voyageait des centaines de kilomètres. Est-ce qu'on s'y habitue ?

Il est entré dans le salon. Clémence y lisait un livre. Elle n'avait pas réalisé qu'il était là, et elle a eu un choc quand il l'a appelée.

— Tu m'as fait une de ces peurs ! Tu sors de cette horrible Boîte ?

— Horrible, pourquoi horrible ?

— Oh, Antoine, c'est à cause de l'émission de télévision l'autre jour. Il y avait un journaliste...

— Encore celui-là ?

— Écoute. Il parlait des effets de la machine sur ton corps... Il disait que personne ne sait exactement ce qui se passe quand tu disparais. Les savants essaient de l'expliquer mais ils ne sont pas clairs. Ils disent que c'est sans danger, mais personne ne comprend quand ils l'expliquent...

— Et pourquoi papa n'a pas vu cette émission ?

— C'était seulement une émission ordinaire. Un journaliste parlait de la confiance que tout le monde a dans la technologie moderne, et je crois qu'il a pris la Boîte comme exemple.

— Alors pourquoi tu t'inquiètes ?

— Il a dit une chose qui était épouvantable. Quand tu es dans une Boîte, tu ne sais pas qui arrive dans l'autre Boîte.

Antoine a commencé à rire.

— Je crois que je le saurais si j'étais quelqu'un d'autre !

— Non, ce n'est pas ça. Papa a dit que la machine transforme tes atomes en un code, puis envoie ce code, non ?

— Oui...

— Et si la machine transforme tes atomes en code, si elle envoie ce code, et puis ensuite si elle utilise ce code pour faire une copie de toi ?

— Et alors ? a-t-il dit d'un ton plein de mépris.

— Si elle fait une copie absolument conforme...

— Je le saurais, c'est tout. J'entre dans une Boîte et hop là ! je sors d'une autre Boîte. C'est tout. Écoute, je porte bien les mêmes vêtements; j'ai à la main le même bout de papier que j'avais dans la Boîte de papa au laboratoire. Regarde !

C'était bien le même bout de papier, gris et froissé. Clémence l'a pris.

— Tu ne vas pas me dire que c'est copié, hein ? a dit Antoine.

Clémence n'avait pas l'air convaincu.

— Et moi, moi? a demandé Antoine. Je suis bien la même personne que j'étais ce matin, avec les mêmes pensées, les mêmes idées. C'est parce que je ne suis pas une copie. Je le saurais. Il y aurait une différence.

— Tu crois ? a dit Clémence. La copie peut être

identique en tout point, pas seulement ton corps mais dans ta tête. Chaque pensée, chaque souvenir peut être identique. Tu comprends ? La copie se souviendrait même d'être entrée dans la Boîte, de tes pensées avant, et tout. Et la copie, bien sûr, ne saurait jamais qu'elle est copie.

— C'est une théorie intéressante, a dit Antoine. Mais si la machine n'envoie qu'une copie, où va mon original ?

— Tu disparais complètement.

Antoine a éclaté de rire.

— Même papa admet que tu es transformé en atomes, dit Clémence. Peut-être que l'original meurt, c'est tout, et il ne reste que la copie.

Antoine a froncé les sourcils. Il en avait assez de ces histoires. Pourquoi essayait-elle de lui gâcher son anniversaire ? Il s'est regardé. C'était absurde. Comment pouvait-il être une copie ? Son jean avait le même trou au genou, ses chaussures de sport avaient toujours l'air dégoûtant. Il en a enlevé une et l'a reniflée. Elle sentait aussi mauvais que d'habitude. Il a regardé sa sœur.

— Ça sent comme une copie ? a-t-il dit en lui mettant la chaussure sous le nez.

— Dégage ! s'est-elle exclamée. Et elle a souri. Pouah, quelle odeur infecte, cette chaussure !

Quel soulagement. Elle avait enfin oublié cette

émission stupide. Mais soudain, il s'est rappelé : « Oh zut ! J'avais dit que je téléphonerais à papa dès mon arrivée ici. Où est le numéro ? »

Pendant qu'il prenait le téléphone, il s'est demandé une fraction de seconde pourquoi son père ne lui avait pas téléphoné. Déjà un quart d'heure qu'il était rentré. Il a composé le numéro de son père. Son père a répondu.

— Allô ?

— Allô, Papa, excuse-moi de ne pas t'avoir appelé. Tu ne t'es pas trop inquiété ?

— Qui est à l'appareil ?

— Ben, c'est moi, Antoine. Pourquoi ?

— C'est une blague ? Son père semblait très en colère.

— Je sais que je devais t'appeler dès mon arrivée, mais ce n'est pas la peine de te mettre en colère…

Il y a eu un silence au bout de la ligne.

— Papa ? Allô, Papa, tu es là ? Excuse-moi…

— Attends, a dit son père. Laisse-moi réfléchir… Ce n'est pas une blague alors, tu es bien Antoine ?

— Papa !

— Oui, oui, pardon. C'est que… c'est que… ça change tout… Parce que… Comment dire…

— Papa, qu'est-ce qu'il y a ?

— On a cru que la machine n'avait pas marché. Quand

Antoine — quand tu as essayé de l'utiliser, il ne s'est rien passé.

Antoine, la bouche sèche, a commencé à paniquer. Il connaissait la suite.

Son père a continué : « Tu sais... ça n'a pas marché... Antoine est encore avec moi dans le laboratoire ! »

# J'en ai marre

La pluie tombe.

Il pleut sur le marché. Les oignons de Madame Boulay flottent dans une sorte de soupe dans son panier.

Il pleut sur l'hôtel de ville. Le drapeau de la République pend comme une fleur noyée.

Il pleut sur le collège central. Pendant des heures, la pluie tombe.

Il pleut même *dans* le collège. Plus précisément, il pleut dans la salle des professeurs par un trou dans le toit. Un pot de fleurs est placé au centre de la salle, et la pluie tombe sur le pot de fleurs.

C'est le pot de fleurs d'un certain Monsieur Argus, le professeur de biologie. Ce sont ses fleurs. Il aime ses fleurs, et aujourd'hui, sur son pot de fleurs, la pluie tombe.

A côté de la salle des professeurs il y a la salle numéro 14; c'est une salle de biologie. Quand Monsieur Argus est dans la salle numéro 14, c'est sa salle, c'est son monde, c'est son empire.

Le monde de Monsieur Argus est un monde de silence, comme le monde des fleurs.

Ça commence par un bruit... dans la poubelle.

Dans la salle de Monsieur Argus les bruits sont rares. Il n'aime pas les bruits, Monsieur Argus. Il n'aime pas parler non plus. Il n'aime pas dire « Taisez-vous » à la classe.

Il aime le calme des fleurs, et le silence.

Donc, Monsieur Argus ne dit pas « Taisez-vous » avec sa bouche; il le dit avec ses yeux.

Monsieur Argus, assis sur son trône, aime regarder la classe de ses yeux noirs. Les yeux de Monsieur Argus regardent tout, voient tout, tout le temps. Par la fenêtre ils voient tomber la pluie.

Aujourd'hui on travaille sur les canards. Les élèves copient un dessin sur leur cahier.

Dans la salle ses yeux noirs voient une fille regarder sa montre. Ses yeux noirs l'observent. Elle commence à trembler, et elle continue à travailler.

Ils voient un garçon toucher son cartable. Ils l'observent. Le garçon tremble, puis il continue son dessin.

Les yeux de Monsieur Argus sont comme deux mouches qui volent continuellement dans la salle, et qui se posent, un petit moment, sur toutes les choses, tous les élèves, sur tout ce qu'ils voient. Dans la salle de biologie de Monsieur Argus, c'est le calme. Ses yeux ne font pas de bruit ! Ils voient en silence.

Aujourd'hui, il pleut sur le collège central. Le pot de fleurs dans la salle des professeurs prend sa douche de pluie.

La classe dans la salle 14 n'aime pas quand il pleut. Quand il pleut, la classe est obligée de rester dans la salle pendant la récréation. Et dans la salle 14, Monsieur Argus et le silence restent eux aussi.

Dans la salle de l'Argus silencieux le cours est presque fini.

Ça commence par un bruit dans la poubelle.

Comme un éclair, les yeux de Monsieur Argus volent se poser sur la poubelle.

Qu'est-ce que c'est ?

La classe travaille, pas de problème.

Qu'est-ce que c'est ?

Le bruit encore. Les yeux de Monsieur Argus, exactement comme deux mouches, examinent la poubelle de tous les côtés.

Un troisième bruit, et les yeux de Monsieur Argus triomphent ! Ils voient un mouvement dans l'air, mais un mouvement de... quoi ?

Pendant deux minutes, Monsieur Argus fixe la

poubelle. Il reste les yeux grands ouverts.

Un bruit dans la salle 14 !

Un bruit dans la poubelle !

Mais, qu'est-ce que c'est ? C'est impossible.

Pendant deux minutes, pas de mouvement, pas de bruit. Silence. Les yeux de Monsieur Argus ne bougent pas. Il fixe la poubelle.

Pendant deux minutes la classe regarde Monsieur Argus.

« Pourquoi est-ce que Monsieur Argus regarde la poubelle ? » pense la classe. Une fille tourne la page de son livre.

Monsieur Argus tourne la tête; les deux mouches regardent la classe.

Les yeux de Monsieur Argus voient les 60 yeux de la classe les regarder, puis trembler et continuer leur travail.

A ce moment même, il y a un quatrième bruit dans la poubelle.

« Quoi ? » dit Monsieur Argus.

Les yeux de la classe le regardent, étonnés.

« Pourquoi est-ce que Monsieur Argus a dit *Quoi* ? » pense la classe.

Mais Monsieur Argus ne regarde pas la classe. Ses yeux sont sur la poubelle. Comme une toile d'araignée, la poubelle retient l'attention des deux mouches.

La classe est fascinée. Fini le travail ! « Regarde l'Argus ! »

Monsieur Argus se lève. « Quoi ? »

« Regarde ! Qu'est-ce qu'il fait ? » pense la classe.

Les yeux fixés sur la poubelle, il s'approche, la tête en avant, comme l'un des canards dans le livre de biologie. « Quoi ? Quoi ? »

La classe sourit. « L'Argus est un canard ! Il cherche de l'eau pour nager. » La classe ne fait pas de bruit, et la poubelle non plus.

Monsieur Argus arrive à la poubelle. Les deux mouches plongent à l'intérieur. L'araignée triomphe !

« De l'eau ! crie Monsieur Argus. Il y a de l'eau dans ma poubelle ! »

La classe ne fait toujours pas de bruit, mais c'est difficile. Les 60 yeux de la classe échangent des regards, et volent vers le plafond comme un nuage de papillons.

« Oui, regarde, il y a de l'eau qui tombe dans la poubelle, pense la classe. Oh, pourvu qu'elle tombe sur sa tête ! »

« Et quoi ! crie Monsieur Argus. Il pleut ! »

Les yeux de la classe volent vers la fenêtre. « Et non, il ne pleut plus ! Et c'est bientôt la récréation. »

La classe ne fait toujours pas de bruit, mais c'est presque impossible. Voilà l'Argus, toujours si silencieux

dans sa salle de classe, devenu canard, qui fait « Quoi » et qui a une poubelle et les cheveux pleins d'eau !

Les yeux d'Argus volent vers la pendule. Dans 30 secondes le cours est fini. C'est l'heure des devoirs.

La classe tremble; les devoirs d'Argus, c'est toujours « Un poème sur les roses », « Une promenade en forêt », « Le journal d'une tulipe ».

Monsieur Argus ouvre la bouche. « Les devoirs pour aujourd'hui... »

Les 60 yeux de la classe volent comme des papillons sur Monsieur Argus.

« ... pour aujourd'hui, écrivez-moi... »

60 yeux sont sur la poubelle silencieuse.

« ... écrivez-moi une rédaction intitulée... »

Et 60 yeux sont au plafond, d'où tombe, à ce moment même, une goutte de pluie.

« ... intitulée... »

La pluie tombe dans la poubelle, et fait un bruit énorme de cloche dans le petit monde de Monsieur Argus.

« J'en ai marre ! crie-t-il. J'en ai marre. »

Et la cloche du collège sonne la récréation.

La classe écrit le titre des devoirs... *J'en ai marre.*

# Devoirs pour Monsieur Argus

## J'en ai marre... des gens

Je l'ai vu, hier soir, sur le chemin de la boulangerie — un petit chien tout noir, un peu sale, un peu maigre, l'œil triste, dans le jardin public, caché derrière un arbre près de la rivière.

Voici la scène :

Une dame donne à manger aux canards — du pain, des biscottes, et je ne sais quoi; elle lance cela par terre au bord de l'eau, et les canards sortent pour le manger.

Le petit chien attend; puis, quand la dame se retourne, il sort aussi.

Il regarde à gauche, à droite. Il

s'avance. Il marche sur trois pattes — un, deux, trois, hop.

Il arrive au bord de l'eau et cherche une biscotte.

Un canard le regarde, ricane et attrape la dernière biscotte.

Le chien regarde le canard de son œil triste ; puis il regarde la biscotte.

Il se retourne et cherche autre chose.

Les autres canards rigolent bien de voir ça ; ils font des coin-coin diaboliques.

Le petit chien fait un, deux, trois et hop vers son arbre et va se coucher. Il ne reste rien du pain de la dame.

Quand je suis allé à la boulangerie, j'ai acheté une brioche supplémentaire, avec mon argent à moi.

Je suis retourné au jardin avec mon cadeau.

Sous son arbre, le chien couché me regarde.

Je m'approche. Il se lève sur ses trois pattes.

Je le regarde. Il est vraiment maigre, et vraiment sale. Sa patte malade est pleine de sang et de saletés.

J'avance d'un pas. Lui se retourne et en fait trois de sa démarche spéciale — un, deux, trois, hop. Il a peur.

Je sors la brioche du papier. Que ça sent bon ! Je vois trembler le nez du chien. Je lance la brioche sous l'arbre. Lui, effrayé, la voit voler et court plus loin — un, deux, trois, hop — et se retourne. Il me regarde, sa gueule s'ouvre…

Il regarde la brioche, puis moi, puis encore la brioche… et puis un canard qui va sortir de l'eau. Vite, le chien retourne sous son arbre et attrape la pâtisserie menacée.

Je l'ai regardé manger quelques

instants et, après, je suis revenu faire ce devoir.

Pourquoi est-ce que les animaux souffrent ?

Je ne comprends pas, moi. C'est bien le chien de quelqu'un, n'est-ce pas ?

Pourquoi a-t-il mal ?

Pourquoi a-t-il peur ?

Pourquoi a-t-il faim ?

Je ne comprends pas, moi, mais je sais que j'en ai marre…

Aujourd'hui je suis passé au jardin public sur le chemin du collège. Il n'y est plus, le petit chien…

## J'en ai marre… de ma mère, quand elle ne m'écoute pas

*Tous les soirs, ça se passe… Tous les soirs, quand j'arrive à la maison, ma mère est dans le salon. Et tous les soirs, c'est la même conversation. C'est comme une cassette qui se met en marche quand j'ouvre la porte…*

*— C'est toi, Guillaume ? (La voix de ma mère.)*

*— Oui, maman, c'est moi. (C'est moi.) (Maintenant, elle va me demander si j'ai bien…)*

*— Tu as bien travaillé au collège ?*

*— Ça va. Pas de problème.*

*— Qu'est-ce que tu as fait ?*

*— Du français… des maths… du sport…*

*— Rien de spécial, alors ? (Je ne sais pas si elle attend une réponse à cette question. En tout cas, je garde le silence.)*

*— Va boire ton verre de lait. (Tous les soirs elle me dit ça, et je déteste le lait ! Je*

*sais que c'est bon pour les dents, mais…)*

— *Le lait, c'est bon pour les dents, tu sais.* (*Quelquefois je dis « Oui, d'accord » pour faire plaisir — à ma mère, pas à mes dents ! Mais je ne le bois pas, ce lait. Quelquefois, je dis « Non merci, ça va. Je vais faire mes devoirs. » Alors là, elle met l'autre face de la cassette…)*

— *Tu as beaucoup de travail ce soir ?*

— *Trop ! A quelle heure on mange ?* (*Je sais. Je ne comprends pas pourquoi je pose la question. La réponse est toujours…)*

— *Quand ton père rentrera du travail.*

— *D'accord, maman.* (*Et je monte doucement l'escalier.)*

TOUS LES SOIRS *! J'en ai marre, vraiment marre. Une seule fois, je voudrais avoir le courage de changer ça un tout petit peu.*

*Par exemple :*

— *C'est toi, Guillaume ?* (*La voix de ma mère.)*

— *Non, Madame. C'est Monsieur Argus, le prof de biologie. (C'est moi.)*

— *Tu as bien travaillé au collège ?*

— *Ah oui, aujourd'hui on a beaucoup travaillé. Vous savez qu'on a transformé le collège en hôpital; j'ai fait des opérations toute la matinée.*

— *Qu'est-ce que tu as fait ?*

— *Des jambes… des bras… des cerveaux…*

— *Rien de spécial, alors ?*

— *Si, après on a fait le Tour de France en planche à roulettes. Que j'ai soif !*

— *Va boire ton verre de lait.*

— *Du lait ! Ça ne va pas, non ? Un cognac plutôt.*

— *Le lait, c'est bon pour les dents, tu sais.*

— *Le lait est absolument infecte. Vous savez d'où ça vient ?*

— *Tu as beaucoup de travail ce soir ?*

— *Bof. Rien de spécial; j'ai rendez-vous à la discothèque avec Miss France; après je vais préparer un examen* **impossible** *pour la classe. Et puis… à quelle heure je fais exploser la cuisine ?*

*— Quand ton père rentrera du travail.*
*— D'accord, maman. (Et je monte rapidement l'escalier.)*

*Mais je n'ai pas le courage pour le moment.*
*Un jour, peut-être…*

## J'en ai marre... des corvées de ménage

« Six heures trente; réveille-toi ! »
C'est la voix de mon papa.
« La figure...les dents... la tête...
Va me chercher une baguette ! »

« Dis ! C'est prêt, le déjeuner ?
Vite ! Il est presque huit heures
— deux sucres dans mon café.
Après, passe l'aspirateur.
Ensuite tu fais la vaisselle
et n'oublie pas la poubelle.
Et, si tu n'as rien à faire,
tu m'épluches les pommes de terre. »

« Tu n'as pas fait tes devoirs ?
Qu'est-ce que cette page blanche ? »
Oh là, là, que j'en ai marre !
Après tout, on est dimanche !

# La suicidée de la Loire

Christelle promène son chien Youki sur les bords de la Loire. Youki est un superbe bouledogue de deux ans, et là il a tout l'espace pour courir à son aise. Pendant que son chien dépense sa jeune énergie, Christelle pense à sa vie : quinze ans, en pleine forme, aussi dynamique que son chien, super chanteuse de rock mais nulle à l'école. Aujourd'hui, elle a été expulsée du cours de maths parce qu'elle écoutait son walkman en classe.

Soudain, elle voit une petite dame, frêle, les cheveux tout blancs, soixante-dix ans au moins. Elle a une attitude étrange : elle marche d'un air décidé tout droit, tout droit en direction de la Loire. Christelle veut lui crier de faire attention à Youki, qui est quelquefois un peu brutal, mais elle n'a pas le temps : à sa grande surprise, la vieille dame continue à marcher en ligne droite... et tombe la tête la première dans la Loire, sans hésitation et sans abandonner son sac à main !

Alors, Christelle pose son walkman par terre, et plonge avec ses vêtements dans l'eau froide, profonde et tourmentée. Ici, la rivière est rapide et dangereuse, les courants sont très violents. Quand finalement elle arrive près de la vieille dame, elle réalise qu'elle n'est pas assez forte pour la sortir toute seule de l'eau. De toutes ses forces, elle crie « Au secours ! Au secours ! A l'aide ! » en agitant les bras, mais il n'y a absolument personne près de la rivière.

Elle décide alors de se battre toute seule... Elle se concentre, et concentre toutes ses forces. Avec l'énergie du désespoir, elle tire la vieille dame par ses vêtements vers le bord. Enfin, épuisée, elle pousse la vieille dame sur la terre ferme, comme un paquet, et elle sort elle-même. La vieille dame est inconsciente. Christelle écoute son cœur. Ouf ! il bat encore.

Elle a encore la force de crier un ordre à Youki : « Va ! Va chercher le sac à main de la vieille dame, là-bas ! » dit-elle en indiquant le sac qui flotte toujours sur la Loire. Le brave bouledogue accomplit parfaitement sa mission.

Après une pause de quelques minutes pour récupérer, Christelle remet son walkman et va téléphoner à une ambulance qui les conduit à l'hôpital, avec Youki.

Dans l'ambulance, la vieille dame est toujours inconsciente. Elle tremble et claque des dents. A l'hôpital, les infirmières installent la vieille dame dans une chambre. Pendant ce temps, Christelle se change,

met les vêtements de l'hôpital et reprend son walkman. Ensuite le docteur vient lui parler.

— Ça va, elle s'est réveillée. Vous la connaissez ?

— Oh non, je ne l'avais jamais vue. Et impossible de lui poser des questions dans l'ambulance, elle était sans connaissance...

— Bon... dit le docteur. Je vais aller la voir. Elle doit être capable de parler, maintenant.

Le docteur entre dans la chambre, mais il ressort immédiatement.

— Elle n'est plus là ! Vous l'avez vue sortir ?

— Non, non, je vous parlais.

Ni les infirmières, ni personne n'avaient vu la dame frêle. Disparue ! Plus de trace de la dame ! Le docteur a vu alors, sous le lit, son sac. Il l'a pris, et l'a ouvert. Il était encore plein d'eau. Dedans, presque rien. Un papier seulement, et un portefeuille. Dans le portefeuille, 6 francs, et une vieille carte d'identité. Il l'a lue à haute voix : « Relmas, Geneviève, né le 21 janvier... Tiens, coïncidence, elle a 80 ans aujourd'hui ! Elle vient d'Amboise... Voyons l'autre papier. »

Le docteur a sorti une feuille pleine d'eau. L'eau avait presque complètement lavé le papier, et il était difficile de lire ce qui était écrit. Le docteur a réussi à comprendre : « Maison de repos des Lilas... Ah, c'est une maison qui accepte les personnes âgées et malades... Je ne peux rien lire d'autre... Ah si... très malade, je crois... C'est tout. On va contacter la police, pour essayer de la retrouver. »

Pendant ce temps, Youki attend à la porte de l'hôpital. Christelle va le chercher et ils traversent la ville à pied. Ils marchent et elle pense à la dame : pourquoi voulait-elle se suicider ? Où est-elle partie maintenant ? Pourquoi aujourd'hui ? Pourquoi ? Et sans y penser, elle retourne à la rivière, là où elle avait trouvé la dame.

Juste avant d'arriver à la rivière, elle voit la dame qui marche, comme un automate, comme hypnotisée par la rivière. Elle porte encore la longue chemise de l'hôpital.

« Madame ! Madame ! Arrêtez-vous ! Attendez ! » crie Christelle, qui commence à courir.

La vieille dame fait comme si elle n'existait pas. Peut-être qu'elle n'entend pas.

« Madame Relmas ! Bon anniversaire, Madame ! »

La dame semble hésiter. Elle s'arrête. Christelle arrive près d'elle; elle regarde droit devant elle, avec une immense tristesse, l'air perdu...

« Écoutez, il faut fêter ça ! 80 ans, c'est super ! » continue Christelle pleine d'enthousiasme.

Mais la dame fait non, non, de la tête, non, non, non.

— Laisse-moi, dit-elle d'une petite voix décidée. C'est

trop tard. Je ne peux plus continuer.

— Et pourquoi ?

— Tu ne peux pas comprendre. Tu es trop jeune...

— Jeune, peut-être, mais pas stupide ! Vous êtes très malade ? a demandé Christelle très doucement.

— C'est fini. Il n'y a plus d'espoir...

— Il faut aller à l'hôpital !

— Les docteurs ne peuvent plus rien pour moi. Je suis trop malade. Je suis toute seule. Mon unique compagnon, c'était mon bouledogue. Il y a une semaine, des garçons l'ont attaqué sauvagement et l'ont blessé. Le vétérinaire n'a pas pu le sauver.

— Un bouledogue ? Vous voulez mon bouledogue à moi? Youki est un peu fou mais adorable. C'est votre cadeau d'anniversaire !

La dame a fait non de la tête. Elle a répété : « Non, c'est fini, je ne veux plus... Je n'en peux plus... 80 ans, c'est la limite. Tu dois me laisser. Essaie de comprendre... »

Youki s'est alors approché de la dame et l'a regardée avec des yeux tendres. Timidement, la vieille dame a avancé la main et a caressé Youki.

« Allez, Madame Relmas. J'insiste : prenez Youki, c'est mon cadeau. Dites-moi seulement où vous habitez. Je viendrai dire bonjour à Youki tous les jours — et voir comment vous allez. »

La dame continue de caresser Youki. Elle pleure, mais elle fait un petit sourire. « Tu es vraiment gentille. J'habite 4 rue La Bruyère. »

« Okay, 4 rue La Bruyère. Youki, écoute bien : tu restes avec Madame Relmas. Je viendrai te voir demain. Sois gentil avec Madame Relmas, hein. A demain, alors ! »

Christelle a regardé Madame Relmas partir sur la route avec son chien. Elle a remis son walkman sur ses oreilles et elle a commencé à chanter.

# La cabine téléphonique

Juin. La saison des examens. Aujourd'hui c'est le Brevet des Collèges. Mon premier examen : les maths. Et les maths, pour Patrick et moi, c'est important. Pour continuer nos études au lycée, il nous faut une bonne note en maths. Et pour Patrick et moi, c'est LA PANIQUE, parce qu'on n'est pas très bons.

On vient du même village, au centre de la Provence. Patrick et moi, on est les deux seuls garçons de 15 ans dans le village; du même âge, il y a aussi Christine et Sylvie. Patrick, c'est mon meilleur copain. Mais il est copain avec tout le monde : il fait toujours rire tout le monde. C'est bien simple : il arrive; avant même qu'il ouvre la bouche, on rit. Un vrai clown !

Il a toujours des idées bizarres. Pour le dernier test d'anglais, par exemple, il est arrivé cinq minutes en retard : il est entré dans la classe en kilt et avec un énorme bonnet à poil noir, en dansant la gigue ! Toute la classe était hilare !

Un autre jour, le premier avril dernier, on est allés nager au réservoir de Villebormes. A un moment, il a nagé très loin tout seul. Soudain, au milieu du réservoir, il a fait des signes de détresse. Une crampe ? On a paniqué ! On a vite appelé les CRS responsables de la sécurité. Ils ont sorti leur bateau à moteur. Mais quand ils sont arrivés près de lui, il a dit : « Poisson d'avril ! J'ai toujours rêvé de faire du bateau à moteur. Merci ! » Les responsables étaient furieux !

Le Grand Jour, donc. L'examen commence à 9 heures. Comme on habite assez loin du collège, il faut partir de bonne heure. Patrick part très tôt, sur sa vieille mobylette Yamaha. Moi, mon père m'emmène en voiture ; je ne m'en plains pas.

Il fait déjà chaud et les cigales chantent. La route qui traverse la campagne provençale est déserte. Dans notre village, seules les deux autres filles qui passent l'examen prennent cette route.

Soudain le long de la route, près d'une cabine téléphonique, je remarque la vieille mobylette de Patrick. Elle brille, en plein soleil.

« Patrick ne doit pas être loin. Qu'est-ce qu'il va inventer aujourd'hui ? », dis-je à mon père.

En effet, il est dans la cabine, et fait de grands gestes.

— Il a parlé de téléphoner à la police pour annoncer qu'une bombe allait exploser au collège ce matin !

— Toujours à faire le clown ! dit mon père en rigolant. Mais je suis sûr que la police ne le prendra pas au sérieux. Ils le connaissent !

J'ouvre la vitre et je lui fais un grand signe.

« Salut ! Rendez-vous au collège ! Le premier arrivé ! » Patrick m'a-t-il entendu ? En tous les cas il continue à faire de grands gestes; il a l'air de taper sur le téléphone et de sauter comme un diable.

« Ah, ah, ah ! dit mon père d'un ton moqueur, un vrai singe celui-là ! On va lui donner une banane ! »

Patrick est impossible ! Une demi-heure avant l'examen le plus important de sa vie, il trouve le temps et l'énergie de faire rire. Je suis sûr qu'il a préparé son coup pour moi et pour les deux filles.

Le soleil est déjà haut dans le ciel. Il fait très chaud dans la voiture. Je garde ma vitre ouverte. Ça donne un peu d'air.

« Ils vont peut-être nous donner à boire pendant les examens. Je sens qu'il va faire chaud. Patrick a dit qu'il viendrait avec un dromadaire — et il en serait bien capable ! C'est bien une idée de Patrick... »

On arrive maintenant au collège. Mon père me quitte avec un mot sympa : « Courage ! Tout sera fini cet après-midi. Après ça, les vacances et la liberté, mon vieux. Allez, un dernier effort, ça va marcher, tu sais ! »

Il est 9 heures moins le quart. Je cherche ma salle

d'examen — la même que Patrick. Pas de Patrick, naturellement.

—Tu as vu Patrick ? demandent les copains.

—Oui, tout à l'heure, il faisait le clown dans une cabine téléphonique sur la route.

Christine et Sylvie arrivent hilares; elles aussi ont vu Patrick : « Il était tout rouge et sautait dans la cabine. Un vrai babouin ! Sacré Patrick ! » Elles riaient à pleine gorge.

— C'est sympa de nous faire rire le jour de l'examen. Mais le résultat, c'est qu'il n'est pas là. Qu'est-ce qu'il fabrique ?

— Il m'a crié quelque chose, mais je n'ai pas compris, et il faisait des mimiques si tragiques que j'en ai pleuré — de rire ! dit Christine en le mimant, et en recommençant à rire.

Tous un peu excités, on commence à rire nerveusement. Et s'il avait fait le coup de l'alerte à la bombe ?

L'heure de l'examen approche, et toujours pas de Patrick. Mais pourquoi n'arrive-t-il pas, maintenant ?

Les examinateurs nous installent à nos places. Ils contrôlent nos papiers d'identité. Ils vont bientôt fermer les portes. C'est dommage car il fait extrêmement chaud, et le soleil tape dur. On ferme les rideaux. Plus de soleil. C'est triste dans la classe.

Patrick aime les blagues, mais quand même ! Il va sûrement arriver à toute vitesse, à la dernière minute, rouge comme une tomate et soufflant comme un phoque. Allons-nous rire ? C'est l'examen de maths…

Je me retourne toutes les deux secondes vers la porte. Je commence à m'agiter. Je transpire. Dans quelques secondes la porte va se fermer…

Catastrophe ! A 9 heures pile, la cloche sonne. L'examen commence. La porte se ferme. C'est fini. Pas d'alerte à la bombe. Et Patrick a raté son examen. Car personne n'est accepté après la fermeture des portes. Les examinateurs distribuent les épreuves et le papier.

Une supposition… Il est peut-être allé dans une autre salle. Peut-être la première, pour ne pas être en retard. Oui, c'est sûrement ça : il était trop en retard, alors il est entré dans la première classe venue.

Je regarde la première page. Des probabilités. Ça va, j'ai révisé, pas de problème. J'ai quand même des difficultés à me concentrer, et l'image de Patrick me revient, sautant comme un fou dans sa cabine. Je souris un peu. J'attaque le premier exercice.

Le temps passe très vite, et j'oublie même la chaleur. Incroyable, car il doit faire au moins 35 degrés dans la classe.

Quatre heures plus tard, je sors de la salle complètement vidé, mais content. Je cherche immédiatement Patrick des yeux, mais mon père, qui m'attendait, me prend par le bras et me pousse dans la voiture.

« Assieds-toi, et bois ça », me dit-il en me donnant une canette de coca glacé. « Il faut que tu sois fort. »

Je n'aime pas cet air sérieux et solennel. Il ne pose même pas de questions sur l'examen. Un peu bizarre...

— Je ne sais pas trop comment te dire ça... continue-t-il après un silence. J'ai une très mauvaise nouvelle. C'est Patrick.

— Il a raté son examen ? je demande anxieusement.

— Pire. Il n'est jamais arrivé au collège. En fait, il n'a jamais quitté la cabine téléphonique.

— Il est fou ou quoi ? Ça va pas la tête ?

— Il a eu un problème avec sa mobylette. Il a voulu téléphoner. Mais le téléphone avait été vandalisé. Donc Patrick n'a pas pu téléphoner. Mais il n'a pas pu sortir non plus. La porte était coincée... et il est resté bloqué à l'intérieur.

Tout était clair ! Les gestes... Les sauts... Les cris...

— Mais quelqu'un l'a libéré à la fin ?

— Non... tout le monde pensait qu'il faisait le clown.

— Mais alors ?

— Alors... On l'a trouvé dans sa cabine, en plein soleil. 60 degrés. Insolation et asphyxie.

# Défense de toucher

La nuit est glacée, l'air est gelé. Je suis près de la fenêtre.

J'ai mal au bras.

Regarde par la fenêtre de ma chambre. Qu'est-ce que tu vois ?

Moi, je vois le ciel d'un noir absolu.

Les arbres que je connais si bien sont invisibles et muets.

L'air ne bouge pas. La lumière n'existe pas dans cette nuit.

Je n'aime pas la lumière; ce soir je ne vois que le ciel.

Je sais que les arbres sont là. Ils sont toujours là. Ils ont toujours été là, ces arbres qui encerclent la maison.

L'air de ma chambre est froid.

Tu as froid aussi ?

Moi, j'ai toujours froid maintenant.

Et mon bras me fait mal.

Regarde. Le gel a dessiné sa dentelle dans l'angle de la fenêtre. Je souffle sur la vitre pour faire un nuage. Sur ce nuage je pose mon doigt.

J'écris mon nom : « Marcelline ».
Qu'est-ce que tu entends ?
Dans la maison, le silence.
Dans la chambre, un autre silence.
J'écoute le silence de la maison.

Je connais si bien cette maison que même dans le noir j'en fais le tour sans problème. Viens ! Je fais le guide. La maison de Marcelline !

Là, tu vois les photos : mes parents, mes grands-parents, moi.

Voici l'escalier principal.

Tu n'as pas trop froid ?

Dans ce vestibule, c'est ma grand-mère qui a collectionné ces meubles anciens; je ne les aime pas, moi; et ces rideaux de velours, ces tapis chinois, rapportés de voyage par mon grand-père, ces assiettes en porcelaine. Je n'aime pas tout ça.

Tu veux toucher ? Pourquoi pas ! Oui, touche les assiettes !

Tu connais ma maison ?

Moi, je la connais dans ses moindres détails.

Là, dans la cuisine, j'ai cassé une assiette en porcelaine le jour de mon anniversaire, et là, dans la cave, j'ai caché les morceaux de cette assiette.

Là, sur l'escalier, j'ai...

Attention ! Ne touche pas à mon bras.

L'air est glacial, n'est-ce pas ?

Non, ne me touche pas.

Regarde, mon bras est comme du verre ce soir. Il est blanc; je le vois, même dans le noir. Il est comme de la glace. Non, ne touche pas. Je n'aime pas qu'on me touche.

Tu vois mes grands-parents sur la photo. Quand mes parents sont partis...

Oui, mes parents sont partis...

— Avec mes grands-parents c'était toucher, toucher, toujours toucher : « Marcelline, viens que je t'embrasse », « Marcelline, laisse-moi te caresser ».

Je n'aime pas ça.

Près de la fenêtre.

J'aime bien ma fenêtre. D'ici je regarde ma chambre et je vois mes affaires à moi, bien rangées. Je ne les touche pas; je n'aime pas toucher, salir. Je les caresse seulement du regard.

Les arbres que je connais si bien sont invisibles et muets. Dans cette nuit je vois seulement le ciel immense et noir, sans forme. Dans tout ce noir je vois des souvenirs.

Tu sais pourquoi j'ai cassé cette assiette ?

Elle était sur la table du vestibule avec les autres,

blanche avec son dessin de petites filles japonaises.

— Je veux la regarder, grand-mère; elle est si belle, si blanche.

— Mais non, Marcelline, ne touche pas. Tu sais bien qu'on ne touche pas aux assiettes. Viens ici que je t'embrasse.

Je n'aime pas ça. Il ne faut pas toucher.

Alors, j'ai cassé cette assiette, et j'ai caché les morceaux dans la cave. Puis je suis retournée à ma fenêtre. J'ai regardé les arbres se silhouetter sur le nuage blanc. J'adore ces arbres; ils sont toujours là, toujours au même endroit. Ils ne partent pas...

...pas comme mes parents.

Il fait si froid ce soir. Regarde, j'ai écrit mon nom sur la vitre de la fenêtre. Attends, j'écris aussi « 8 ans ».

Ce soir-là mon grand-père a trouvé l'assiette, bien sûr. Il était furieux. Je l'entends monter l'escalier. Écoute, tu ne l'entends pas ?

Le silence inonde la maison, comme le noir de cette nuit.

Il arrive, sa lanterne à la main.

— Marcelline. Ton père n'est pas ici; c'est donc à moi de te punir. Viens ici.

— Ne me touche pas. Je n'aime pas ça.

—Marcelline !

Il m'attrape le bras. Aïe, que j'ai mal.

C'est là, dans l'escalier, qu'il est tombé, mon grand-père.

C'est là, dans ces rideaux de velours, que sa lanterne est tombée.

C'est là, dans ces meubles anciens, que les flammes ont commencé.

Je suis près de la fenêtre. Il fait noir ici. Dans le noir, mes souvenirs. Les arbres sont ici, invisibles. Dans ma chambre — mes affaires. Ne touche pas. Il ne faut pas toucher...

*L'air est gelé, le ciel immense, la nuit glacée.*

*Comme des squelettes, les arbres dénudés encerclent les murs noirs de la ruine.*

*Le voyageur passe devant les trois tombes; le reflet de sa lanterne touche une fenêtre, où le gel a dessiné sa délicate dentelle.*